कब तक रहें कुँवारे

मथुरा कलौनी

INDIA · SINGAPORE · MALAYSIA

ISBN

Paperback 979-8-89233-612-3

Hardcase 979-8-89322-803-8

समर्पण

विमला

अनुक्रम

मथुरा कलौनी - संक्षिप्त परिचय

मथुरा कलौनी का जन्म 20 जनवरी 1947 को पिथौरागढ़ में तथा शिक्षा-दीक्षा कोलकाता में हुई थी। उनकी पहाड़ में बीते बचपन की स्मृतियाँ इतनी बलवती हैं कि वहाँ की अनुभूतियाँ यदा-कदा उनकी रचनाओं में झाँकने लगती हैं। गंभीर से गंभीर विषय को हास्य-व्यंग्य का पुट देकर चुलबुले अंदाज में प्रस्तुत करने में वे सिद्धहस्त हैं। प्रेम, शृंगार, हास्य, व्यंग्य आदि सभी रसों के इंद्रधनुषी रंग उनकी अद्‌भुत वर्णनात्मक शैली में मुक्त तैरते रहते हैं। उनकी रचनाएँ बहुत पठनीय होती हैं। आभास ही नहीं होता कि भावनात्मक अनुभूतियों के आवेगों से गुजरते हुए कब कथानक के शीर्ष पर पहुँच गये।

मथुरा कलौनी अपनी कृतियों में पात्रों के अनुपम चित्रण के लिए जाने जाते हैं। उन्होंने साहित्य की लगभग समस्त विधाओं में अपनी कलम चलाई है जिनमें उपन्यास, कहानी और नाटक प्रमुख हैं। उनकी रचनाओं में अप्रत्यक्ष, गुदगुदाने वाले हास्य की प्रधानता है। मानव संबंधों की विविधता का कदाचित ही कोई पक्ष उनकी लेखनी से अछूता रहा हो। **प्रियदर्शी अशोक** में एक कालजयी ऐतिहासिक विभूति का द्वंद्व हो, या **कब होगी भेंट** में अछूते प्रेम के भावनात्मक प्रसंग हों, **धतूरे के बीज** में काले-डरावने चरित्र हों या **विषकन्या** में अपराध जगत के गुमनाम रहस्यों का रोमांच हो, **वहाँ से वापसी** में स्मृति-लोप के कगार से वापसी की यात्रा हो या **कौन हो तुम बृहन्नला** में किन्नर वर्ग की अबूझ अनकही वेदना का चित्रण हो, सब इनकी लेखनी के चित्रफलक(कैनवास) में समाहित हैं।

मथुरा कलौनी ने चार दशक पहले साहित्यिक यात्रा आरंभ की थी। 1988 में बेंगलूरु में कलायन नाट्य संस्था की स्थापना की। 1999 में इन्टरनेट में कलायन पत्रिका (www.kalayan.org) का प्रकाशन आरंभ किया। आपकी लगभग डेढ़ सौ कहानियाँ प्रतिष्ठित पत्रिकाओं में प्रकाशित हो चुकी हैं। पिछले 36 सालों में आप इक्कीस नाटक और दर्जन से अधिक लघुनाटकों का लेखन और मंचन कर चुके हैं। आपके बारह नाटक, चार लघु-उपन्यास और एक कहानी संग्रह प्रकाशित हो चुके हैं। दुबई में दो हिन्दी नाटकों के मंचन के साथ कंबोडिया, बीजिंग, असम-मेघालय, राजस्थान और बाली में अंतर्राष्ट्रीय हिन्दी सम्मेलनों में नाट्यपाठ की प्रस्तुतियाँ खासी चर्चित रहीं।

संप्रति आइटीसी लिमिटेड में रिसर्च मैनेजर के पद से सेवानिवृति के उपरांत बेंगलूरु में नाटकों के लेखन और निर्देशन में सन्नद्ध हैं तथा कलायन नाट्य संस्था के संचालन व कलायन पत्रिका के संपादन और संचालन को समर्पित हैं।

ईमेल - editor@kalayan.org

वेबसाइट - www.mathurakalauny.com

वेब पत्रिका और कलायन थिएटर - www.kalayan.org

मथुरा कलौनी की पुस्तकें

हास्य नाटक, प्रहसन	कायापलट * जोड़तोड़ * कब तक रहें कुँवारे ** चिराग का भूत #
एतिहासिक नाटक	प्रियदर्शी अशोक*
आंचलिक नाटक	कब होगी भेंट* सुबह का भूला
विविध नाटक	स्वयंवर, स्वयंवर 2010 जो पीछे रह जाते हैं ** कौन हो तुम बृहन्नला # लंगड़ # उसने कहा था संदेश तू नहीं और सही # धतूरे के बीज * एक शाम प्रेमचंद के नाम * निष्कासित मेरा दुश्मन मंटो चंद्रकान्ता नाटक

उपन्यास	वहाँ से वापसी *** इसी भूमि में *** विषकन्या चंद्रभवन तृप्तिभवन *
कहानी संग्रह	विषकन्या और दस कहानियाँ **

* नोशनप्रेस द्वारा प्रकाशित । ऐमजॉन तथा अन्य जालस्थलों में उपलब्ध

नोशनप्रेस द्वारा प्रकाशित पुस्तक दशा में संकलित। ऐमजॉन तथा अन्य जालस्थलों में उपलब्ध।

** अभिव्यक्ति प्रकाशन, दिल्ली110032 द्वारा प्रकाशित।

*** अशोक बुक्स, सेलम 636007 द्वारा प्रकाशित

अँग्रेजी में लधुनाटक - Tea or Coffee I Chiraag ka Bhoot I The only Occupation

The Message I Plain Jane I Feminine Charm I Family Way

Fire Fire I Love is a Mango I The Prize Catch I Father Like Figure I Chor I Encounter I Four Aces

दो शब्द

मुझे अत्यंत हर्ष हो रहा है कि कब तक रहें कुँवारे का दूसरा और संशोधित संस्करण नोशनप्रेस द्वारा प्रकाशित किया जा रहा है। कब तक रहें कुँवारे ऐसे युवक-युवतियों की कहानी है जिनकी किसी कारणवश यथासमय शादी नहीं हो पाती है। जहाँ तक मर्दों का सवाल है, बेचारे ऐसे अभागे होते हैं कि पानी के एक गिलास के लिए भी 25 साल की उम्र तक माँ-बहनों का मुँह ताकते रहते हैं। और औरत का मुँह ताकने की ऐसी लत कहिए या आदत पड़ जाती है जिससे सहज छुटकारा नहीं पाया जा सकता। कुछ लोग तो, जो औरतों पर आश्रित नहीं रहना चाहते हैं, हिमालय में चढ़ कर एकाकी जीवन बिताते हैं। ये ब्रह्मचर्य का पालन करते हैं इसलिए ब्रह्मचारी कहलाते हैं।

साधारण मर्द हिमालय नहीं चढ़ पाते हैं या उनकी हिमालय चढ़ने की इच्छा ही नहीं होती। ऐसे मर्द शादी करने में ही अपना निर्वाण समझते हैं। पर कभी-कभी ग्रहों की ऐसी दशा होती है कि उनकी शादी नहीं हो पाती है। बरसों विवाह की आशा मन में लिए ब्रह्मचर्य के कारावास में पड़े होते हैं। ऐसे लोगों को हम कठिन ब्रह्मचारी कहते हैं।

साधारण ब्रह्मचारी की शादी होने की बहुत संभावनाएँ रहती हैं। कठिन ब्रह्मचारी की एकदम जीरो। चारों ओर रेगिस्तान ही रेगिस्तान। फिर भी वह उम्मीद नहीं छोड़ता। क्या पता कभी कोई भूली-भटकी उसका दरवाजा खटखटाए। यदि कभी कोई लड़की उसका दरवाजा न खटखटाए तो वह कठिन ब्रह्मचारी से जटिल ब्रह्मचारी बन जाता है।

इस नाटक में साधारण ब्रह्मचारी हैं, कठिन ब्रह्मचारी हैं तो जटिल ब्रह्मचारी भी हैं। कुँवारी युवतियाँ हैं, नृत्यांगनाएँ हैं, छैलछबीला सूत्रधार है और है एक बहुत ही चंचल नटी। इन सबके बीच में है एक मस्तमौला बद्री पांडे। रसीले संवाद, चुटीले व्यंग्य और शेर-ओ-शायरी से सुसज्जित है यह नाटक कब तक रहें कुँवारे। मैं पुलकित हो रहा हूँ यह नाटक आपको सौंपते हुए।

जो अटके वह कहानी नहीं।

जो रुके वह जिन्दगानी नहीं।

हर जवानी में रवानी होती है।

हर नाटक में कहानी होती है।

– मथुरा कलौनी

दिसंबर 10, 2023

बेंगलूरु 560034

कब तक रहें कुँवारे

पुरुष पात्र	सूत्रधार बद्री मोहन किशोर विभूति रामअवतार
स्त्री पात्र	नटी चंद्रमुखी मिट्ठू राधा नेहा विभा

दृश्य एक

नटी

कहो सूत्रधार, आज ढोलक पर बहुत थाप दे रहे हो। और कितना नचाओगे। नाटक-वाटक नहीं दिखाना है क्या?

सूत्रधार

दिखाना क्यों नहीं है नटी। उसी की तो तैयारी हो रही है।

नटी

तो दिखलाओ न हाड़मांस के पात्रों वाला नाटक। यह मरी खाल क्यों पीट रहे हो।

सूत्रधार

माई डीयर नटी।

नटी

हाय मैं मर जाऊँ, बोलो माई डीयर सूत्रधार।

सूत्रधार

यू सी सिचुएशन इज रादर कॉमप्लीकेटेड। सोच रहा हूँ कहानी कहाँ से आरंभ करूँ।

नटी

सोचो मत। यह तुम्हारे वश की बात नहीं है। सोचने लगोगे तो या तो अंग्रेजी बघारोगे या ढोल पीटते रह जाओगे।
मेरी मानो सूत्रधार यह नाटक-वाटक छोड़ो और मुझसे नाता जोड़ो। फिर हम खंडाला जाएँगे, नई-नई कहानियाँ बनाएँगे। खंडाला आओगे न सूत्रधार!

सूत्रधार

परे हट।

नटी

लो हट गई।

सूत्रधार

अरे तू तो है बावरी। यहाँ तो कहानी ही अटकी पड़ी है।

नटी

जो अटके वह कहानी नहीं।
जो रुके वह जिन्दगानी नहीं।
हर जवानी में रवानी होती है।
हर नाटक में कहानी होती है।

सूत्रधार

समझ नहीं पा रहा हूँ कि कहाँ से आरंभ करूँ।

नटी

कहानी आरंभ करनी है तो आरंभ से आरंभ कर।
बीच से शुरू करे गर, तो बीच का होके रह जायेगा।
अभी तो ढोल पीटता है, बाद में ताली पीटते रह जायेगा।

सूत्रधार

तो सुन।

नटी

सुना।

सूत्रधार

पुरुष यानी मर्द बेचारा एक आश्रित प्राणी है। जिसे अपने ही घर में एक गिलास पानी के लिए नारी का मुँह ताकना पड़ता है। विवाह से पहले वह माँ-बहनों की दया पर जिंदा रहता है और विवाह के बाद पत्नी की।

नटी

ऐसा है तो सूत्रधार, तो वह शादी ही क्यों करता है। अपनी पैदाइश तो उसके हाथ में नहीं है पर शादी पर तो उसका वश है।

सूत्रधार

नहीं है। वह इस तरह कि पैदा होने के 25 साल तक माँ-बहनों का मुँह ताकते-ताकते उसे औरत का मुँह ताकने की आदत पड़ जाती है। लत लग जाती है। ऐसी लत जिससे सहज ही छुटकारा नहीं पाया जा सकता। कुछ लोग तो, जो औरतों पर आश्रित नहीं रहना चाहते हैं, हिमालय में चढ़कर एकाकी जीवन बिताते हैं। जो हिमालय पर नहीं चढ़ पाते वे शादी कर लेते हैं। और जिनकी शादी नहीं हो पाती है उन्हें हम ब्रह्मचारी कहते हैं। कुछ लोग ऐसे भी होते हैं जो बरसों विवाह की आशा मन में लिये ब्रह्मचर्य के कारावास में पड़े होते हैं। उन्हें हम कठिन ब्रह्मचारी कहते हैं।

नटी

एक मिनट। पहले मुझे समझाओ कि यह कठिन ब्रह्मचारी क्या होता है।

सूत्रधार

सीधी सी बात है, साधारण ब्रह्मचारी की शादी होने की बहुत संभावनाएँ रहती हैं। कठिन की एकदम जीरो। चारों ओर रेगिस्तान ही रेगिस्तान। फिर भी वह उम्मीद नहीं छोड़ता। क्या पता कभी कोई भूली-भटकी उसका दरवाजा खटखटाए।

नटी

यदि कभी कोई लड़की उसका दरवाजा न खटखटाए तो?

सूत्रधार

तो वह जटिल ब्रह्मचारी बन जाता है।

नटी

यूँ देखा जाये तो ये तुम्हारे कठिन ब्रह्मचारी बड़े काम के साबित हो सकते हैं। ऐसे बेचारों को कोई पानी पिलाने वाला तो होता नहीं है। और न ही उन्हें आशा रहती है कि कभी कोई पानी पिलाने वाली आयेगी। लिहाजा वे खुद ही गिलास निकाल कर पानी पीते हैं। और फिर गिलास को धो-पोंछ कर अपनी जगह रख देते हैं।

सूत्रधार

तुम कैसे जानती हो? किसको देखा है तुमने जो पानी पी कर, गिलास को धो-पोंछ कर अपनी जगह रख देता है।

नटी

तुमको। किसी भाग्यशाली लड़की को ही ऐसा पति मिल सकता है।

सूत्रधार

नाटक देखें।

नटी

पता नहीं तुम कबतक नाटक दिखाओगे।

सूत्रधार

आज के नाटक का नाम है कब तक रहें कुँवारे।

नटी

हाय क्या नाम चुना है जालिम ने। दिल चीर कर रख दिया।

सूत्रधार

बस-बस ज्यादा नाटक मत करो। पात्रों से मिलो। एक नमूना है मोहन, बाँका और छैल-छबीला नवजवान।

नटी

तुम्हारी तरह?

सूत्रधार

मैं तुम्हें नमूना लगता हूँ?

नटी

बाँके और छैल-छबीले तो हो।

सूत्रधार

मोहन ने जब जवानी में पदार्पण किया तो उसे अपने पड़ोस की एक लड़की से प्यार हो गया।

नटी

हम भी तो तुम्हारी पड़ोस में रहते हैं सूत्रधार।

सूत्रधार

एक दिन अवसर पा कर मोहन ने उस लड़की को अपने दिल की बात कह ही दी।

सूत्रधार और नटी पर प्रकाश लुप्त होता है। मंच के दूसरे भाग में मोहन और नेहा पर प्रकाश। नेहा दीवाली का सामान ठीक कर रही है।

मोहन

नेहा।

नेहा

हाँ।

मोहन

नेहा।

नेहा

हाँ बोलो क्या बात है?

मोहन

आज दीवाली है।

नेहा

हाँ, है तो।

मोहन

पटाखे फूट रहे हैं।

नेहा

दीवाली में पटाखे नहीं फूटेंगे तो कब फूटेंगे!

मोहन

मेरे दिल में भी पटाखे फूट रहे हैं। मैं न... मैं न...

नेहा

बोलो, बोलो, तुम न... तुम न... क्या?

मोहन

मैं न... मैं न... तुमसे प्यार करता हूँ।

नेहा

क्या... क्या... क्या!!

मोहन

मैं तुमसे प्यार करता हूँ, नेहा। तुम सुन रही हो न।

नेहा

हाँ।

मोहन

तुम्हारा क्या कहना है?

नेहा

मैं क्या कहूँ? तुमने मुझसे इस तरह की बात पहले कभी नहीं की।

मोहन

मैंने सोचा आज बोल ही दूँ। आज दीवाली है।

नेहा

और तुम्हारे दिल में पटाखे भी फूट रहे हैं। अच्छा किया तुमने अपने दिल की बात मुझे बता दी। ऐसी बातें दिल में नहीं रखनी चाहिए।

मोहन

तो तुम क्या कहती हो?

नेहा

तुमने तो मुझे सोचने का अवसर ही नहीं दिया। **(कुछ क्षण सोचने के पश्चात)** मोहन तुम परसों मेरे घर आना। देखो भूलना नहीं।

मोहन

यह क्या कह रही हो नेहा, तुम बुलाओ और मैं भूल जाऊँ। कभी नहीं भूलूँगा। मैं तुम्हारे घर सिर के बल चल कर आऊँगा।

नेहा

पक्का?

मोहन

फेवीकॉल के जोड़ से भी पक्का।

मोहन और नेहा पर प्रकाश लुप्त होता है। सूत्रधार और नटी पर प्रकाश।

नटी

वाह! यानी नेहा ने मोहन को अपने घर बुला लिया। पर सूत्रधार, मोहन तो अब तक कुँवारा ब्रह्मचारी है! तो क्या तब बात बनी नहीं थी?

सूत्रधार

सूत्रधार मैं हूँ कि तुम? कहानी को सिलसिलेवार सुनो। तो हमारा पट्ठा मोहन सज-धज कर नेहा के घर गया।

सूत्रधार और नटी पर प्रकाश लुप्त होता है। मोहन और नेहा पर प्रकाश।

नेहा

मोहन, आ गये। गुड। यहाँ बैठो। इस पीढ़े पर।

मोहन

जैसी तुम्हारी आज्ञा। यह आरती का थाल है?

नेहा

तुम्हें क्या दिखता है?

मोहन

आरती का थाल।

नेहा

यह आरती का थाल ही है।

मोहन

किसकी आरती उतारोगी।

नेहा

तुम्हारी।

मोहन
अरे वाह, तुमने तो पूरा इंतजाम कर रखा है।

नेहा
इंतजाम पूरा है। बस, थोड़ी देर मुँह बंद कर बैठे रहो।

नेहा उसकी आरती उतारती है। टीका लगाती है।

अब मुँह खोलो।

मोहन
तुमने मेरी आरती उतारी, मैं तो धन्य हो गया।

नेहा
मैंने मुँह खोलने के लिये कहा था, बोलने के लिये नहीं। खोलो मुँह।

मोहन के मुँह खोलते ही नेहा उसके मुँह में लड्डू ठूँस देती है।

मैं हर भैयादूज में तरसती थी कि मेरा भी एक भाई होता। यह कमी तुमने आज पूरी कर दी।

मोहन
भैया दूज!

नेहा
हाँ परसों दीवाली थी तो भैया दूज आज ही हुआ न।

मोहन भैयादूज -भैयादूज बड़बड़ाता हुआ जाने लगता है।

जाते कहाँ हो रुको। मेरी दक्षिणा लाओ।

मोहन और नेहा पर प्रकाश लुप्त होता है। सूत्रधार और नटी पर प्रकाश

नटी

बेचारा मोहन।

सूत्रधार

इतना ही तरस आ रहा है तो डाल दो वरमाला उसके गले में। अभी तक कुँवारा है।

नटी

तो तुम्हारा क्या होगा सूत्रधार!

सूत्रधार

मेरा क्या होना है। मैं पहले भी था, आज भी हूँ और कल भी रहूँगा। अटल और अडिग।

नटी

सूत्रधार, यह क्या तुमने अटल-पटल लगा रखी है?

सूत्रधार

मैं ब्रह्मचारी था, ब्रह्मचारी हूँ और ब्रह्मचारी रहूँगा।

नटी

इतने ऊँचे बोल न बोलो सूत्रधार। तुम ब्रह्मचारी थे, ठीक है। ब्रह्मचारी हो, यह भी मान लिया। पर ब्रह्मचारी रहोगे ही यह कौन कह सकता है!

सूत्रधार

हम तुम्हें बताय देते हैं नटी कि हमसे न उलझो ,
हम मानुस हैं सीधे-सादे, रखते हैं नेक इरादे।
हम वैसे नहीं हैं जो आज पूरे तो कल थे आधे।

नटी

बंदर से डरनेवाले मदारी को देखा है तुमने।

सूत्रधार

नहीं।

नटी

मैं देख रही हूँ। मेरे सामने खड़ा है। **(सूत्रधार रूठता है।)** हाय मैं मर जाऊँ, ऐसे न रूठो सूत्रधार। मुझे यह बताओ कि मोहन कठिन ब्रह्मचारी है या जटिल?

सूत्रधार

सोचने की बात है।

नटी

तो सोचो न। मेरा मुँह क्या देख रहे हो। मेरे मुँह पर थोड़े ही लिखा हुआ है।

सूत्रधार

मोहन साधारण ब्रह्मचारी था। उस लड्डू ने उसे कठिन ब्रह्मचारी बना दिया था। अब वह जटिल ब्रह्मचारी बनने जा रहा है। इस नाटक के

समाप्त होने तक वह या तो ब्रह्मचारी रहेगा ही नहीं और यदि रहा तो जटिल ब्रह्मचारी बन जायेगा। एक और कठिन ब्रह्मचारी हैं रामअवतार। तो साहब रामअवतार जी को बस स्टाप पर एक लड़की मिली। जिस बस से ये सफर करते थे, उसी बस से वह भी सफर करती थी। जिस स्टाप पर ये उतरते थे, उसी स्टाप पर वह भी उतरती थी। सफर करते-करते दिन यों ही निकल रहे थे पर बात आगे नहीं बढ़ रही थी।

सूत्रधार और नटी पर प्रकाश लुप्त होता है। मोहन और रामअवतार पर प्रकाश। दोनों बस स्टाप में खड़े हैं।

रामअवतार

क्या करूँ मोहन बात आगे नहीं बढ़ रही है।

मोहन

बात आगे बढ़ाओगे तभी तो आगे बढ़ेगी। पिक्चरों में, कहानियों में, उपन्यासों में लड़के-लड़की कहाँ मिलते हैं? बस स्टाप पर ही न। वहीं उनको प्यार होता है कि नहीं?

रामअवतार

अरे वह सब किस्से-कहानियों की बातें हैं।

मोहन

कुछ तो सच होगा उनमें। स्कूल में हमें क्या सिखाया गया था, यही न कि साहित्य समाज का दर्पण होता है।

विभा का प्रवेश। उसे आते देख रामअवतार बेचैन हो जाता है।

क्या हुआ? क्यों इस तरह काँप रहे हो? तुमको मिरगी की बीमारी है क्या? लगता है तुम्हारे मुँह से अभी झाग निकलने ही वाली है।

रामअवतार
वो आ रही है।

मोहन
तो तुम मरे क्यों जा रहे हो?

रामअवतार
तो बोल दूँ?

मोहन
हाँ बोल दो।

रामअवतार
तुम अब यहाँ से जाओ। तुम्हारे सामने मुझसे नहीं बोला जायेगा।

मोहन
तो मैं बोल दूँ?

रामअवतार
(**आँखें तरेर कर मोहन को देखता है।**) नहीं तुम जाओ। जाओ न वह आ गई है।

मोहन जाता है। रामअवतार विभा के पास जाता है।

नमस्ते।

विभा

नमस्ते।

रामअवतार

मेरा नाम रामअवतार है।

विभा

नाम तो ठीक ही है, पर आपको अपना नाम पसंद नहीं है तो अपने माँ-बाप को दोष दीजिये। मैं क्या कर सकती हूँ इसमें!

रामअवतार

असल में, मैं रोज इसी बस स्टाप से बस पकड़ता हूँ।

विभा

तो?

रामअवतार

मैं उसी बस में सफर करता हूँ जिसमें आप करती हैं।

विभा

मुझे मालूम है। और आप उतरते भी वहीं हैं जहाँ मैं उतरती हूँ।

रामअवतार

तो आपने नोटिस किया।

विभा

नोटिस करना ही पड़ता है, जमाना जो खराब है।

रामअवतार
यह कितनी अच्छी बात है कि हम दोनों एक साथ सफर करते हैं।

विभा
क्यों!

रामअवतार
आप और मैं, यह बस का सफर, पिछले तीन महीनों से हम एक साथ सफर कर रहे हैं।

विभा
आप चाहें तो दूसरी बस ले सकतें हैं।

रामअवतार
नहीं-नहीं यही बस ठीक है। बहुत रोमांटिक है।

विभा
देखिये, आप बस से रोमांस करें या बैलगाड़ी से, मुझे कोई आपत्ति नहीं है।

रामअवतार
मेरे दिल, दिमाग और दुनिया में यह बस का सुहाना सफर छाया हुआ है। मुझे लगता है कि मुझे आपसे प्यार...

विभा
(स्वगत। लंबी सांस छोड़ते हुए) अरे यार... जाने कहाँ-कहाँ से आ जाते हैं। **(प्रकट)** देखिये मिस्टर, आपकी भलाई इसी में है कि आप बकवास न करें।

रामअवतार

मैं बकवास नहीं कर रहा हूँ। दिल की गहराई से बोल रहा हूँ। यह प्रेमरोग मुझे भी लग गया है।

विभा

ओ हो आपको भी प्रेमरोग लग गया है।

रामअवतार

जी। दिल की गहराइयों वाला।

विभा

ओ हो तब तो आपको बहुत बेचैनी रहती होगी।

रामअवतार

जी जी जी।

विभा

वैसे इसका इलाज है मेरे पास।

रामअवतार

स...च !

विभा

आप मेरे साथ बस में सफर करते हैं, मैं आपसे झूठ बोलूँगी भला। आप जरा गरदन झुकाइये और चेहरा आगे कीजिये। हाँ अब ठीक है।

एक झन्नाटेदार चाँटा मारती है।

विभा

फिर कभी ऐसे सिम्प्टम्स हों तो आप मेरे पास आ जाइयेगा। मैं मुफ्त में इलाज कर दूँगी। एक साथ सफर करते हैं, इतना तो हक आपका बनता ही है।

सूत्रधार और नटी पर प्रकाश।

सूत्रधार

वो दिन था और आज का दिन है। कभी किसी अनजान लड़की से बात करनी पड़े तो रामअवतार जी कम-से-कम एक हाथ की दूरी अवश्य रखते हैं। और मोहन, वह मुँह सँभाल कर खोलता है। क्या पता कौन लड़की लड्डू ठूँस दे।

बद्री का प्रवेश।

इनसे मिलो, ये साहब बद्री हैं। ये रातों को जागते थे और सुबह सोते थे।

नटी

फिर?

सूत्रधार

फिर इनकी शादी हो गई।
एक सुंदरी जो जीवन में आई,
तो सुरा को देनी पड़ी विदाई।

नटी

यानी कैलेंडर में अब महीने तो बदलते हैं,
पर तस्वीर नहीं बदल पाते।

बद्री

हाय वे दिन भी क्या दिन थे हमारे,
हम जब तक रहे कुँवारे।

नटी

इस तरह के और कितने पात्र हैं आज के नाटक में।

सूत्रधार

इस तरह एक-एक करके बताने लगूँगा तो रात बीत जायेगी। अब सीधे नाटक में ही मिलते हैं सबसे।

कुछ क्षणों के लिये प्रकाश जाता है।

दृश्य दो

स्थान मोहन का घर।
दरवाजे पर दस्तक। मोहन दरवाजा खोलता है।

बद्री
हद करते हो भई मोहन कुमार। नहीं चाहते हुए भी कहना पड़ता है कि बड़ी देर लगाते हो दरवाजा खोलने में।

मोहन
कौन सी आफत आ गई! सुबह का इंतजार तो कर लेते।

बद्री
सुबह हुए चार घंटे बीत चुके हैं जनाब।

मोहन
आज इतवार है।

बद्री
तो क्या हो गया। इतवार को सुबह नहीं होती?

मोहन
बकवास तो बंद ही करो। कहो कैसे आना हुआ।

बद्री

लो और सुनो!
वो पूछते हैं कैसे आना हुआ।
इस लाइन को फिर से सुनिये,
वो पूछते हैं कैसे आना हुआ।
इस शेर की दूसरी लाइन है,
जैसे पड़ासी आते हैं वैसे ही आना हुआ।

मोहन

बद्री!

बद्री

भई मैं तुम लोगों का पड़ोसी हूँ। जाहिर है मैं तुमसे पूछ कर तो अपने पड़ोसी के घर नहीं जाऊँगा। मुझे ऐसे क्या देख रहे हो, फिर सोने का इरादा है क्या?

मोहन

तुम सोने दो तब न!

बद्री

भैया इतने ही बेशरम हो तो जाओ सो जाओ। जाने से पहले लीला से बोल दो कि मेरे लिए एक प्याली चाय बना दे। मुझे बड़ी चवास लगी है। बड़ी अच्छी चाय बनाती है वह।

मोहन

अपने घर में रखते हो घटिया चाय का बुरादा और दूसरों के घर में चाहिये बढ़िया चाय। चाय नहीं मिलेगी। बनाने वाला भी कोई नहीं है।

बद्री
लीला काम पर नहीं आई?

मोहन
आई थी अँधेरे मुँह चार घंटे पहले! वो भी इतवार के दिन!! मैंने भगा दिया।

बद्री
कब तक इस तरह चलाओगे। शादी क्यों नहीं कर लेते। जीवन बन जायेगा तुम्हारा।

मोहन
अभी क्या बिगड़ा हुआ है? फिर तुमको क्या तकलीफ हो रही है?

बद्री
हो रही है न। देखो, तुम मेरे घर आते हो तो मेरी पत्नी तुमको चाय पिलाती है या नहीं?

मोहन
हाँ पर...

बद्री
तो फिर तुम्हारे घर में मैं नौकरानी के हाथ की चाय क्यों पिऊँ।

मोहन
अभी तो बड़ी तारीफ कर रहे थे कि बहुत बढ़िया चाय बनाती है।

बद्री
बात चाय की नहीं बल्कि मर्यादा की है।

मोहन
ओ हो हो.. यदि तुम्हारी मर्यादा का हनन हो रहा है तो हमारे घर में चाय मत पिया करो। तुम्हें कौन मजबूर कर रहा है।

बद्री
आज तो नौकरानी भी नहीं है।

मोहन
(समझाते हुए) देखो बद्री, सुबह का समय है। बाहर मौसम सुहाना हो रहा होगा। जाओ घूम आओ। प्रातः भ्रमण से यह चाय पीने की लालसा तुम्हारे मस्तिष्क से निकल जायेगी।

बद्री
मैं घूमफिर कर, सुबह की ताजी-ताजी हवा खा कर ही आ रहा हूँ।

मोहन
ठीक है पर मेरा सिर क्यों खा रहे हो?

बद्री
मैं देख रहा हूँ कि तुम्हारा जीवन बहुत बेतरतीब हो रहा है। मैं तुम्हारा मित्र हूँ। तुम्हारा पड़ोसी हूँ और तुम्हारा शुभचिंतक हूँ, यानी कि मैं तुम्हारा थ्री-इन-वन हूँ। इस तरह मेरा परम धर्म बनता है कि मैं तुम्हें शादी करने की सलाह दूँ।

मोहन
ठीक है बद्री अवश्य सलाह दो पर उसके लिये मुझे नींद से जगाना जरूरी है क्या!

बद्री

शुभ कार्य के लिये सुबह का समय उत्तम बताया गया है।

मोहन

ओ मेरे मित्र, मेरे पड़ोसी, मेरे शुभचिंतक और मेरे दुर्भाग्य, साले सुबह-सुबह यह क्या पचड़ा ले कर बैठ गये। मुझे शादी में कोई दिलचस्पी नहीं है। जिन्दगी मौज से कट रही है और क्या चाहिये!

बद्री

जानते हो शास्त्रों में क्या कहा गया है? अविवाहित व्यक्ति के लिये स्वर्ग के द्वार बंद रहते हैं।

मोहन

तो रहने दो बंद। मेरे स्वर्ग न जाने से वहाँ सुर-सुरा-सुंदरी में कोई अंतर नहीं आने वाला। मैं अविवाहित ही रहा तो चला जाऊँगा नर्क में। लेकिन जाऊँगा तो मरने के बाद न, जीते-जी क्यों धकेल रहे हो!

बद्री

तुम्हारी शादी की बात कर रहा हूँ, तुम्हें नर्क में धकेलने की नहीं।

मोहन

तुमने दुम कटे सियार की कहानी पढ़ी है? साले तुम्हारी कट गई तो सबकी काटने चले हो!

रामअवतार का प्रवेश। हाथ में मूँगफली है। आकर बैठता है और मूँगफली ठूँगने लगता है।

यह रहा रामअवतार। इतनी सुबह कहाँ से आ रहे हो?

रामअवतार
नुक्कड़ तक गया था मूँगफली लेने।

बद्री
यह बताओ, तुमने यह दाढ़ी क्यों बढ़ा रखी है।

रामअवतार निरीह भाव से उन दोनों की ओर देखता है।

बद्री
यह इस तरह क्या देख रहा है!

मोहन
किस तरह?

बद्री
बेवकूफ रामअवतार की तरह ।

मोहन
क्यों कि यह रामअवतार ही है।

बद्री
अच्छा-अच्छा।

रामअवतार
कर लो मजाक। पर मैं राधा को नहीं भुला पा रहा हूँ। अब तो दिल, दिमाग, दुनिया में राधा ही राधा है।

बद्री
कौन राधा। कहीं पड़ोस वाली राधा तो नहीं!

रामअवतार हामी में सिर हिलाता है।

वह तुम्हारे दिल, दिमाग और दुनिया में घुसी हुई है।

मोहन
पिछली बार बस-स्टाप वाली लड़की का थप्पड़ भूल गये क्या!

बद्री और मोहन दोनों हँसते हैं।

रामअवतार
वह तो बहुत पुरानी बात है।

मोहन
पर तुम तो वही हो।

बद्री
नहीं-नहीं, रामअवतार अब वही कहाँ रहा। थप्पड़ पुराना, रामअवतार पुराना, यानी पूरा किस्सा ही पुराना। अब राधा के साथ यह नया अफसाना है। क्यों?

रामअवतार हामी में सिर हिलाता है।

दिल और दुनिया की बात तो खैर, समझ में आती है। पर तुम्हारे दिमाग में राधा घुसी कैसे। वहाँ तो पहले से ही गोबर भरा पड़ा है।

मोहन
बद्री, रामअवतार को इतना न खींचो कि वह टूट ही जाये।

नहीं-नहीं, रामअवतार नहीं टूटेगा वह अच्छी क्वालिटी के इलास्टिक से बना है। फिर यारों में मजाक तो चलता ही है, क्यों रामअवतार?

रामअवतार हामी में सिर हिलाता है।

बहुत खूब। तब तो तुमको साफ-सुथरा रहना चाहिए। यह दाढ़ी क्यों बढ़ा रखी है।

रामअवतार
रातों को नींद नहीं आती।

बद्री
तभी तुम्हारी आँखों में कीचड़ है।

रामअवतार
भूख तो अब लगती ही नहीं।

बद्री
भूख तो खैर तुम्हें लग ही नहीं सकती। दिनभर तो खाते रहते हो। भूख लगे भी तो कब। भूख बेचारी तरस कर रह जाती है कि कब तुम खाना बंद करो और उसे मौका मिले कि वह लगे। देखो अभी भी तुम मूँगफली ठूँग रहे हो।

रामअवतार
नहीं यार अब वह पुरानी बात नहीं रही। बस आदतन कुछ खा लेता हूँ। अब तो दिनरात दिल, दिमाग, दुनिया और आँखों में राधा छाई हुई है।

मोहन
तो बच्चू लगे रहो। मैं चला सोने।

अंदर जाता है

बद्री
पर तुमने दाढ़ी क्यों नहीं बनाई है। ऐसा लगता है जैसे तुम्हारे चेहरे पर घास उग कर सूख गई है।

रामअवतार
मैंने बताया न कि मैं प्रेम में पड़ गया हूँ।

बद्री
पर इस दाढ़ी के साथ प्रेम का क्या संबंध?

रामअवतार
है। बहुत गहरा संबंध है। जब भी मैं दाढ़ी बनाने के लिए आईने में देखता हूँ, मुझे राधा की सूरत दिखाई पड़ती है। न अपनी सूरत दिखती है न दाढ़ी। बस राधा ही राधा। दाढ़ी बनाऊँ भी तो कैसे?

दरवाजे पर घंटी। रामअवतार सोच में डूबा है। बद्री कभी अंदर की ओर देखता है तो कभी रामअवतार को।

बद्री
यहाँ दरवाजा खोलने का रिवाज नहीं है क्या?

मोहन
(अंदर से आ कर) अबे रामअवतार, साले पेटू दरवाजा क्यों नहीं खोल रहा है? अरे बद्री यार तुम्हीं खोल दो न।

बद्री
मैं अपने ही घर का दरवाजा नहीं खोलता हूँ तो तुम्हारे घर का क्यों खोलूँ। **(दरवाजा पीटने की आवाज)** लगता है खोलना ही पड़ेगा।

चंद्रमुखी और राधा का प्रवेश। उन्हें देख कर रामअवतार खिसक जाता है।

ओ चंद्रमुखी, आओ। भई क्या लाई हो? मोहन, उधर क्या खड़े हो, इधर आ जाओ। देखो चंद्रमुखी आई है और साथ में कुछ लायी है।

चंद्रमुखी

मेरे साथ राधा भी है। आओ राधा, अंदर आ जाओ। समोसे तले थे, सोचा मोहन जी को भी खिला दूँ। अब रोज-रोज तो समोसे बनते नहीं। कभी-कभी ही बन पाते हैं।

बद्री

हाँ-हाँ क्यों नहीं, क्यों नहीं। पर मोहन कुमार पर ही इतनी मेहरबानी क्यों? पड़ोस में तो हम भी रहते हैं।
राह में हम भी खड़े हैं इस भरोसे,
कोई हमारी ओर भी बढ़ाए समोसे।

चंद्रमुखी

एक तो आपका घर है थोड़ी दूरी पर,
आप न ही डालें नजर इन समोसों पर।
और फिर मैंने पूरी पड़ोस का ठेका थोड़े ही ले रखा है?

बद्री

हाँ, देख रहा हूँ, केवल मोहन कुमार का ठेका ले रखा है। मेरी शुभकामनाएँ तुम्हारे साथ हैं चंद्रमुखी।

चंद्रमुखी

बद्री पांडे जी बड़े मुँहफट हैं।

बद्री

पर हैं दिल के अच्छे।

मोहन

क्या खाक अच्छे हैं। चले आते हैं सुबह-सुबह मुँह उठाए मेरी नींद खराब करने। तुम्हारे पाँव को क्या हुआ?

चंद्रमुखी

अरे क्या बताऊँ मोहन जी, एक बंदर ने जीना दूभर कर रखा है।

बद्री

हमारी पड़ोस में बंदर!

चंद्रमुखी

नहीं वैसा बंदर नहीं। आदमी की शक्ल में बंदर। अफसोस कि वह आपका मित्र भी है।

बद्री

चंद्रमुखी तुम मेरी ओर ऐसे क्यों देख रही हो!

मोहन

बद्री ...

बद्री

चंद्रमुखी, भली लड़कियाँ भले पड़ोसियों को बंदर नहीं कहती हैं। मुझे तो याद नहीं पड़ता है कि मैंने तुम्हारे साथ कभी कुछ किया हो।

चंद्रमुखी

मैंने ऐसा कब कहा? मैंने तो आपका नाम भी नहीं लिया। चोर की दाढ़ी में तिनका।

मोहन

तुम तो पहेली बुझा रही हो। मेरी समझ में कुछ भी नहीं आ रहा है।

चंद्रमुखी

मैं रामअवतार की बात कर रही थी।

बद्री

ओ रामअवतार! जिस तरह तुम मुझे देख रही थीं मैं तो डर ही गया था। रामअवतार कहाँ गया? अभी तो यहीं था।

राधा

अरे वह मनहूस अभी यहाँ जमा हुआ है! चंद्रमुखी, चल निकल चलते हैं यहाँ से।

बद्री

अरे राधा, रुको तुम। रामअवतार तो खिसक लिया।

मोहन

क्या किया रामअवतार ने?

राधा

मुझे तो लगता है कि वह खिसका हुआ है। वह जब भी मुझे देखता है अपना मुँह बा कर घूरने लगता है। आजकल उसे देखती हूँ तो मैं अपना रास्ता बदल देती हूँ। ऐसे-ऐसे खब्ती हैं इस पड़ोस में कि मत पूछिए।

चंद्रमुखी

उसको खुला छोड़ना ठीक नहीं है। वह जब भी राधा को देखता है उसकी दृष्टि में एक ऐसी निरीह याचना होती है कि उसके हाथ में कुछ चेंज रख देने का दिल करता है।

बद्री
और तुम्हें जलन हो रही है।

चंद्रमुखी
राम बचाए मुझे उससे।

मोहन
तुमने यह तो बताया ही नहीं कि तुम्हारे पाँव को क्या हुआ।

चंद्रमुखी
राधा के साथ पार्क में टहलने गई थी। वह वहाँ बैठे केले खा रहा था और केले के छिलके उछाल कर पीछे की ओर फेंक रहा था। मैं उसको देख कर जल्दी दूसरी ओर मुड़ने को हुई ही थी कि एक छिलका मेरे पाँव के पास गिरा। मेरा पाँव उस पर आ गया। वह तो अच्छा हुआ राधा मेरे साथ थी, उसी ने सहारा दिया था। मैं तो चारों खाने चित हो गई थी।

बद्री
रामअवतार अभी-अभी तो यहाँ मुझसे बात कर रहा था। लगता है तुमको देख कर खिसक गया।

राधा
इसी में उसकी भलाई है। वह बहुत जल्दी पिटने वाला है।

बद्री
(हँसता है।) तो इसमें नई बात क्या है। बड़ा किस्मत वाला है। लड़कियों से पिटना अपने आप में एक उपलब्धि है।

चंद्रमुखी

(मोहन से) अरे समोसे ठंडे हो रहे हैं, खा लीजिए।

बद्री

हाँ, समोसे खा लो।

मोहन

समोसों के लिये बेकार तकलीफ की तुमने।

चंद्रमुखी

कोई तकलीफ नहीं हुई मुझे। आप खाइए तो सही।

मोहन

तुम्हारे चलते कभी-कभी घर का खाना मिल जाता है नहीं तो अपना तो हाल है कि कटी उम्र होटलों में, मरे तो अस्पताल जा कर।

चंद्रमुखी

लगता है मैंने गलती की यहाँ आ कर।
आपके लिए गरम समोसे ला कर।
कहाँ मैं आपके लिए गरम समोसे लाई हूँ और कहाँ आप मरने की बात कर रहे हैं।

मोहन

बद्री पांडे ने एक तो नींद खराब की और ऊपर से उसने मुँह धोने तक का समय नहीं दिया। तुम बैठो मैं दो छींटे डाल कर आता हूँ।

बद्री

लो मेरा नाम घसीटना जरूरी है क्या? तुम धोओ न तुम्हें जो कुछ धोना है। छींटे डालो, बाल्टी उड़ेलो, कोई रोकटोक नहीं।

चंद्रमुखी

नहीं मैं चलती हूँ। चल राधा।

मोहन

रुको तो सही।

बद्री

इतने प्यार से बोल रहा है रुक भी जाओ। **(मोहन आँखें दिखाता है।)** मेरे कहने का मतलब था इतने आग्रह के साथ जब कोई रुकने को कहे तो रुक जाना चाहिये।

विभूति का प्रवेश।

विभूति

मोहन बाबू नमस्कार। आम इधर से जा रेहा था सोचा आपसे मील के जायेगा।

मोहन

नमस्कार विभूति बाबू। आइये आप ही की कमी रह गई थी। आप पीछे क्यों रहेंगे।

विभूति

आप क्या बोलता मोहन बाबू। आम एकला आया। आमारा पीछे कोई क्यू नहीं है।

मोहन

क्यू नहीं, क्यों .. क्यों

विभूति

आम को क्या मालूम क्यू क्यों नहीं है। आम तो एकला आया।

राधा

अरे विभूति बाबू, मोहन जी के कहने का मतलब अंग्रेजी वाला क्यू नहीं था.. खैर छोड़िये। आप आराम से बैठिये।

विभूति

धन्नोबाद। काल नेही आया?

मोहन

किसका काल नहीं आया।

राधा

विभूति पूछ रहे हैं कि कल क्यों नहीं आये?

मोहन

विभूति बाबू कल मैं अटक गया था। नहीं आ पाया।

विभूति

बदड़ी बाबू को काल आम एक सेर सायरी सुनाया था। आज आपलोग को भी सुनाएगा। सूनिये।

बद्री

(स्वगत) अभी तो कल वाला ही हजम नहीं हुआ अब एक और! **(प्रकट)** अवश्य सुनाइए विभूति बाबू। पर क्या करूँ आज मैं नहीं सुन पाऊँगा। मुझे जाना होगा। आप मोहन को सुनाइए। मोहन तो आपका फैन है।

मोहन
अबे... ठीक है बच्चू बच के कहाँ जाओगे!

बद्री
और विभूति बाबू आप चंद्रमुखी को भी सुनाइये।

जाता है।

चंद्रमुखी
अरे नहीं विभूति बाबू। मैं इस लायक नहीं कि आपके शेर समझ सकूँ। हाँ आप मोहन जी को अवश्य सुनाइए। क्या पता आपके शेर सुन कर कुछ ...

मोहन
कुछ क्या?

चुद्रमुखी
कुछ नहीं।

मोहन
क्या कुछ नहीं?

चंद्रमुखी
अभी तक तो कुछ नहीं, शेर सुन कर कुछ हो।

मोहन
क्या कुछ हो?

चंद्रमुखी
कुछ-कुछ हो...। बरतन बाद में ले जाऊँगी। चल राधा।

राधा

रुक न। विभूति शेर सुना रहे हैं। शेर सुन लें फिर चलते हैं।

विभूति

हाँ सुन लीजिये। कठिन नहीं है। और बहुत छोटा सायरी है। मोहन बाबू सूनिये। ऑर्ज किया है।

गोस्सा वाला मुख तो सूर्जोमुखी
प्याड़ वाला मुख तो चंद्रोमुखी
आमको दोनों करता है दुखी
कभी सूर्जोमुखी तो कभी चंद्रोमुखी
एक औड़ सूनाएगा

राधा ताली बजाती है। मोहन सोफे पर गिर पड़ता है। अंधकार।

दृश्य तीन

नटी

सूत्रधार।

सूत्रधार

बोलो नटी।

नटी

क्या चंद्रमुखी मोहन से प्यार करती है?

सूत्रधार

तुम्हें क्या लगता है?

नटी

मुझे तो लगता है कि उसके दिल में आग तो सुलग रही है। पर उस आग का धुँवा मोहन तक पहुँचा कि नहीं?

सूत्रधार

मोहन एक जमाने में मोहल्ले का छैला हुआ करता था। वह जिधर से निकलता उधर लोग अपनी जवान लडकियों को घरों में छिपा देते थे। पर

जब से नेहा ने उसे अपने घर बुला कर उसकी आरती उतारी और उसके मुँह में लड्डू ठूँसा तब से उसकी बोलती बंद हो गई है। उस लड्डू ने उसका चरित्र ही बदल डाला है।

नटी

सूत्रधार, मैं तुम्हें कभी अपने घर बुला कर तुम्हारे मुँह में लड्डू नहीं ठूँसूँगी।

सूत्रधार

शुक्रिया।

नटी

तुम समझ रहे हो न।

सूत्रधार

इसमें समझना क्या है। वैसे भी लड्डू मुझे अच्छे नहीं लगते।

नटी

ओ सूत्रधार प्यारे, मेरी आँखों के तारे,
क्यों आते हो सपनों में हमारे।
जवानी यूँ ही ढल न जाये प्यारे,
आखिर कब तक रहोगे कुँवारे।

सूत्रधार

यूँ गले न पड़ो प्यारी,
खतरे में न डालो इज्जत हमारी।
हमें नहीं है थप्पड़ खाना,
न मुँह में है लड्डू ठुँसवाना।
करते हैं सबके वारे न्यारे,
अभी तो अच्छे हैं हम कुँवारे।

नटी

न तुम्हें दूज को बुलाऊँ, न लड्डू खिलाऊँ,
थप्पड़ की तो दूर, फूल की छड़ी भी न उठाऊँ।
नजर भर देख, हम सामने हैं तुम्हारे,
कबतक रहेगा दूर, अब पास आजा हमारे।

सूत्रधार

नटी वहीं रुक जा।
बंद कर अपना यह प्रेम का पिटारा।
अधर में लटका है यह नाटक हमारा।
रात का जागा मोहन सोने चला गया है। बद्री पहुँचा है टोह लेने कि मोहन ने समोसे खाये या नहीं। रामअवतार भी डरते-सूँघते वहाँ पहुँचता है।

दृश्य चार

बद्री
कहाँ चले गये थे तुम?

रामअवतार
राधा और चंद्रमुखी एक साथ थीं। मैं उनके सामने नहीं आना चाहता था। इसलिए खिसक लिया।

बद्री
रामअवतार तुमको ले कर मैं बहुत कन्फ्यूज हो गया हूँ। पहले तुम यह बताओ कि तुम केले क्यों खा रहे थे?

रामअवतार
फिर वही। कोई क्यों खाता है केले? खा रहा था बस।

बद्री
तुम मुझसे कह रहे थे कि तुम प्रेम में पड़ गये हो। फिर भी तुम केले खा रहे थे। जबकि तुमको मालूम है कि केले खाने से चंद्रमुखी की टाँग टूट सकती है।

रामअवतार

जब केले खा रहा था उस समय यह नहीं मालूम था कि वह छिलके पर फिसलेगी।

बद्री

तुम्हारे चरित्र में वैसे ही बहुत फिसलन है, ऊपर से केले का छिलका।

रामअवतार

बद्री...

बद्री

खैर, तुम कहते हो कि तुम्हें राधा से प्रेम है। पर मुझे तो कोई ऐसी बात दिखाई नहीं दी कि राधा भी तुमसे प्यार करती है।

रामअवतार

वह एक जबरदस्त गलतफहमी का शिकार है, इसीलिए आजकल घास तक नहीं डाल रही है।

बद्री

गलत। वो दो लड़कियाँ तुम्हें पिंजरे में बंद कर घास खिलाने का प्लान कर रही थीं।

रामअवतार

मैं तुम्हें अपनी दुःखभरी कहानी सुना रहा हूँ। तुम तो बस मजाक किए जा रहे हो।

बद्री

अच्छा, गुस्सा मत करो। मुझे पूरी बात बताओ। शुरू से।

रामअवतार
तीन महीने दस दिन पहले मैंने राधा की जान बचाई थी।

बद्री
वाह क्या आरंभ है, एक दम फिल्मी इशटाइल।

रामअवतार
वह रात अँधेरी थी। सड़कों पर आदमी नहीं थे।

बद्री
तुम तो थे।

रामअवतार
हाँ मैं तो था ही।

बद्री
तुम आदमियों में नहीं आते क्या?

रामअवतार
थोड़ी देर अपना मुँह बंद रखो तो अच्छा हो। यहाँ मैं अपनी दर्द भरी दास्तान सुना रहा हूँ और तुमको मजाक सूझ रहा है।

बद्री
ठीक है अब नहीं बोलूँगा। आगे बढ़ो।

रामअवतार
करीब नौ बजे होंगे। मैं क्या देखता हूँ कि राधा बेतहाशा साइकिल भगा कर चली आ रही है। साइकिल पर नियंत्रण नहीं रख पाई। साइकिल मुझसे टकराई। वह, मैं और साइकिल तीनों गिर गये।

बद्री

वह, मैं और साइकिल... यानी पहले वह गिरी, फिर तुम गिरे और अंत में तुम दोनों का साथ देने के लिए साइकिल भी गिर गई।

रामअवतार

छोड़ो, मैं अब नहीं बताता तुम्हें कुछ।

बद्री

नहीं-नहीं, अब नहीं बोलूँगा। आगे बढ़ो।

रामअवतार

उस रात गुंडे प्रकार के दो साइकिल सवार राधा के पीछे पड़ गये थे। उन्हीं से वह भाग रही थी जब वह मुझसे टकराई। मैंने उसे उठाया। उसकी साइकिल उठाई। और उसे उसके घर तक छोड़ आया।

बद्री

साइकिल नहीं छोड़ी।

रामअवतार

उसे साइकिल समेत उसके घर छोड़ा।

बद्री

आगे बढ़ो।

रामअवतार

इस हादसे से राधा के घुटने में चोट आई और मेरा तो दिल ही घायल हो गया।

बद्री

साइकिल तुम्हारे दिल पर गिरी होगी।

रामअवतार बद्री को गुस्से से देखता है।

अच्छा...अच्छा मैं तो मजाक कर रहा था। तुम अब यह बताओ कि तुमने उन दोनों गुंडों को कितने रुपये दिये थे?

रामअवतार

क्या मतलब!

बद्री

मतलब साफ है यार। अँधेरी रात में, सुनसान सड़क में, साइकिल समेत दो गुंडे ऐसे ही थोड़े आ जाते हैं। पैसे दे कर उन्हें बुलाना पड़ता है। तुम्हारे कितने पैसे लगे?

रामअवतार

ठीक है बद्री कर लो मजाक। मजनू पर भी लोगों ने पत्थर फैंके थे।
न कोई हमदम है, न कोई सहारा है।
इस जालिम दुनिया में कोई नहीं हमारा है।

बद्री

बस-बस ज्यादा सेंटीमेंटल बनने की जरूरत नहीं है। थोड़ा-सा मजाक भी बरदास्त नहीं कर पाते? अब अपनी कहानी आगे बढ़ाओ। उस रात तुमने राधा को उसके घर पहुँचा दिया था। फिर क्या हुआ यह बताओ।

रामअवतार

वहाँ से लौटा तो मैंने पाया कि मैं बहुत बेचैन हूँ। उस रात मैं सो भी नहीं पाया। आँखों में राधा बस गई थी फिर नींद कैसे आती!

बद्री

क्यों राधा कंजंक्टिवाइटिस की बीमारी है! आँखों का कीचड़ है, जो तुम्हारी आँखों में बस गई थी?

रामअवतार

अगले दिन सुबह-सुबह ही मैं राधा के घर पहुँच गया। मुझे देख कर वह इस तरह मुसकराई थी कि मैं समझ गया था।

बद्री

क्या समझ गये थे तुम?

रामअवतार

यही कि वह भी मुझसे उतना ही प्रेम करती है जितना मैं उससे।

बद्री

अच्छा!

रामअवतार

फिर मैं रोज उसके घर जाने लगा। पर यह सिलसिला बहुत थोड़े दिन ही चला। एक दिन उसने मुझसे बहुत अटकते-अटकते हुए कहा कि मैं उसके घर न आऊँ क्यों कि लोग बातें करने लगे थे। इसी से पता चलता है कि वह मुझसे कितना प्यार करती है।

बद्री

किस बात से पता चलता है कि राधा तुमसे बहुत प्यार करती है, लोग बातें करने लगे थे इस बात से या राधा के तुमसे यह कहने से कि तुम उसके घर न जाया करो?

रामअवतार

जब उसने मुझे अपने घर आने से मना किया था उस समय वह बहुत दुःखी थी। बहुत ही अटकते-अटकते उसने यह बात मुझसे कही थी। यदि प्यार न होता तो वह बेझिझक कह सकती थी।

बद्री

अच्छा...। फिर क्या हुआ?

रामअवतार

मैंने उसके घर जाना बंद कर दिया।

बद्री

बस इतनी सी कहानी है।

रामअवतार

सुनो तो सही। आगे भी है। अब मैं उसके घर तो नहीं जा सकता था। पर उसे फूल तो भेज सकता था। मैं उसे रोज एक गुलाब का फूल भेजने लगा।

बद्री

बड़ी रोमांटिक कहानी है यार। आगे क्या हुआ?

रामअवतार

मेरी किस्मत। वह मुझसे फिर मिली। बहुत ही दुःखी स्वर में उसने मुझसे कहा कि फूल न भेजा करूँ क्योंकि उसका परिवार पुराने विचारों वाला है।

बद्री

ओहो...।

रामअवतार

मैंने फूल भिजवाने भी बंद कर दिये। अब बस कभी पार्क में या कभी रास्ते में भेंट हो जाती है। बस इतनी सी कहानी है बद्री। मैं दिल के हाथों मजबूर हूँ। कोई तरकीब समझ में नहीं आ रही है। आज तो बहुत ही बुरा हुआ, उसकी सहेली बेचारी केले के छिलके पर फिसल गई। अभी तो बहुत गुस्सा है। उससे मिल कर पहले तो उसे मनाना है फिर आगे का रास्ता तय करना है। उसके साथ एकांत में बस आधा घंटा चाहिए। मना भी लूँगा और बात भी कर लूँगा।

बद्री

तो अड़चन क्या है। उसके घर जाओ या उसे बुला कर मना लो और जितनी चाहे बात कर लो ।

रामअवतार

अड़चन यह है कि अभी वह मुझसे बात करना नहीं चाहती है इसलिए बुलाने से नहीं आयेगी। आयेगी नहीं तो बात कैसे कर पाऊँगा?

बद्री

समस्या गंभीर है।

रामअवतार

क्या तुम कोई ऐसी तरकीब सोच सकते हो जिससे मैं और राधा एकांत में बातें कर सकें।

बद्री

नहीं।

मध्यान्तर

दृश्य पाँच

स्थान -मोहन का घर।
किशोर का प्रवेश। अंदाज नाटकीय है।

किशोर
क्यों कैसी लगी हमारी पसंद! मुझे इस तरह क्यों घूर रहे हो। इतना बड़ा कदम उठा रहा हूँ, तुम्हारी राय तो लूँगा ही।

मोहन
मुझे नहीं मालूम तुम क्या बकवास कर रहे हो। तुम बड़ा कदम उठाओ या छोटा, मेरी राय यह है कि तुम दरवाजे की ओर मुँह करो और बड़े बड़े कदम उठा कर चलते बनो।

किशोर
क्यों यार क्या हो गया तुम्हें। मेरे साथ इस तरह क्यों बात कर रहे हो। वह भी क्या सोचेगी?

मोहन
कौन क्या सोचेगी।

किशोर
मिट्ठू।

मोहन

मिट्ठू! तोता?

किशोर

मिट्ठू तोता नहीं तोती है।

मोहन

तोता तीती तोतो क्या बक रहे हो।

किशोर

बक नहीं रहा हूँ। मिट्ठू पुल्लिंग नहीं स्त्रीलिंग है।

मोहन

तो?

किशोर

तो क्या? अंदर बैठी है।

मोहन

तोती... यहाँ मेरे घर में।

अंदर सब कमरे देख कर आता है।

यहाँ कोई तोता-तोती नहीं है।

किशोर

नहीं पहुँची क्या? मैंने तो अच्छी तरह तुम्हारे घर का पता बताया था।

मोहन

तुमने एक तोते को मेरे घर का पता बताया था?

किशोर

तोते को नहीं तोती को।

मोहन

ठीक है। तोते को नहीं तोती को। तो तुमने एक तोते को... नहीं तोती को मेरा तता क्यों बताया था?

किशोर

तो तुम तुतला क्यों रहे हो?

मोहन

तोता तोती तोतो तुम कर रहे हो और मैं तुतला रहा हूँ!!

किशोर

मिट्ठू घर में नहीं तो गई कहाँ!

मोहन

तोता उड़ गया होगा। नहीं तोती उड़ गई होगी।

किशोर

वेरी फनी। हमदोनों शादी कर रहे हैं।

मोहन

कौन?

किशोर

मैं और मिट्ठू। मैं मिट्ठू से ही शादी कर रहा हूँ।

मोहन

तोते से... तोती से! करो, तोते से, कौवे से जिससे भी करना है करो और मरो। एक बात बताओ, एक हफ्ते पहले तो कोई भी चिड़िया नहीं थी, अचानक यह तोती किस अण्डे से निकली।

किशोर

एक हफ्ते में तो बहुत कुछ हो जाता है मेरे भाई। आश्चर्य है, वह अभी तक नहीं पहुँची।

मोहन

यानी तुमने तोती से...

किशोर

मिट्ठू से।

मोहन

तुमने तोती मिट्ठू से मिलने का वादा मेरे घर में किया है। यानी मेरा घर, घर न हो कर कारपोरेशन का पार्क है, क्यों!

किशोर

तुमसे मिलाना भी तो था। और... और उससे मेरा भयंकर झगड़ा हो गया है। रूठी हुई है। केवल तुम्हीं उसे मना सकते हो।

मोहन

म मैं क्यों? प्रेमिका तुम्हारी है और मनाऊँ मैं!

किशोर

वह मुझसे बात नहीं कर रही है। उसने कहा है कि वह इस जनम में तो क्या, अगले जनम में भी बात नहीं करेगी।

मोहन

भाई मेरे, किसी-न-किसी जनम में तुमसे बात करेगी, तब मना लेना। तुमसे रूठी है, तुम्हीं मनाओ। मुझे बीच में क्यों घसीट रहे हो? और मुझे तोते यानी तोती की भाषा नहीं आती है।

किशोर

वह तुमको बहुत मानती है।

मोहन

किशोर, होश की दवा करो। क्यों शरीफ आदमी को बदनाम कर रहे हो। मैं किसी तोती को नहीं जानता।

किशोर

मिट्ठू।

मोहन

हाँ-हाँ मैं किसी मिट्ठू को नही जानता।

किशोर

वह तुमसे मिली नहीं है पर तुमको जानती है। मैंने तुम्हारे और चंद्रमुखी के बारे में उसे बता रखा है।

मोहन

यह क्या बकवास है? क्या बता रखा है तुमने मेरे और चंद्रमुखी के बारे में।

किशोर
यही कि तुम दोनों के बीच में कितना गहरा प्रेम है। पर तुम दोनों इतने संयम से रहते हो कि प्रेम अभी तक अप्रस्फुटित है।

मोहन
क्या फुटित है!

किशोर
अप्रस्फुटित!

मोहन
देखो किशोर मेरे और चंद्रमुखी के बीच में ऐसा कुछ भी नहीं है जिसके लिये तुमको ऐसे जीभ मरोड़ शब्द का प्रयोग करना पड़े। भले लोग इस तरह नाम नहीं उछाला करते।

किशोर
मैं क्या नाम उछालूँगा मोहन, मैंने तो केवल वही कहा जो तुम्हारे सभी मित्र जानते हैं। तुम्हारे इसी संयम का मैं आदर करता हूँ। मुझसे अधिक आदर करती है मिट्‌ठू। उसे अभी तक आ जाना चाहिये था। पता नहीं कहाँ रह गई। बहुत भयंकर रूठी हुई है। देखो तुम घर में ही हो न। कहीं जाना मत। मैं अभी उसे ले कर आया।

जाता है।

मोहन
अजीब चपड़गंजू है। अब तो कोई नहीं आयेगा। आयेगा भी तो...

समोसो की ओर देखता है। जम्हाई लेता है और सोफे पर निढाल हो जाता है। घंटी की आवाज। मोहन आँखें मलते-मलते दरवाजा खोलता है।

बद्री पांडे और मिट्टू का प्रवेश।

बद्री
यानी तुम अभी तक सो रहे हो।

मोहन
यार बद्री, पड़ोसी होने का यह मतलब तो नहीं कि वक्त-बेवक्त चले आओ अपना मुँह उठा कर।

बद्री
कैसी बातें करते हो। मैं अपना मुँह उठा कर ही तो आऊँगा। कहीं रख कर तो नहीं आ सकता न। बेबात की बातें छोड़ो। देखो मैं किसे साथ ले आया हूँ।

मोहन
ये ... ये... ये?

बद्री
ये तुम्हारा पता पूछते-पूछते मेरे घर पहुँच गयीं। काश एक साल पहले पहुँची होतीं। अब तो कुछ नहीं हो सकता।

मिट्टू
मैं एक साल पहले पहुँची होती तो क्या कुछ हो सकता था?

बद्री
एक साल पहले काफी संभावनाएँ थीं।

मिट्टू
कैसी संभावनाएँ ?

बद्री
वैसी ही जैसी दो जवान दिलों के बीच हो सकतीं हैं।

मोहन
अरे दिल से क्या होता है, दिल तो साला एक नब्बे साल के बूढ़े का भी जवान रहता है।

बद्री
यहाँ तुम्हारी बात नहीं हो रही है।

मिट्ठू
जी हाँ, यहाँ पर बात इनकी हो रही है। आप मुझे यह बताएँ कि जो संभावनाएँ एक साल पहले थीं अब क्यों नहीं हैं?

बद्री
क्यों कि अब नहीं हैं।

मिट्ठू
वही तो मैं पूछ रही हूँ कि अब क्यों नहीं हैं?

बद्री
इसलिए कि अब नहीं हैं। अब कुछ नहीं हो सकता है।

मिट्ठू
इतने दुःखी क्यों हो रहे हैं। आप तो एक मर्द हैं।

बद्री
बेशक।

मिट्ठू
और मर्द एक बेपेंदी के लोटे की तरह होते हैं। जिस तरफ सुविधा हो या जिस तरफ फायदा हो लुढ़क जाओ। आप शब्दों का जाल क्यों बुन रहे हैं। संभावनाएँ, अब कुछ नहीं हो सकता है इत्यादि। सीधे और साफ शब्दों में कहिये कि आप चाहते क्या हैं और अब वह क्यों नहीं हो सकता है?

बद्री
देखिये देवी जी आप गलत दरवाजा खटखटा रही हैं।

मिट्ठू
दरवाजा खोल के आप खड़े हैं और लांछन मुझ पर कि मैं दरवाजा खटखटा रही हूँ।

मोहन
यह दरवाजा-दरवाजा खेल आपलोग कहीं और खेलें तो कैसा रहेगा। यह घर और दरवाजा आपलोगों के खेलने की चीज नहीं है। और बद्री ढपोरशंख की तरह वहाँ खड़े क्यों हो, यह तो बताओ ये देवीजी कौन हैं?

बद्री
ढपोरशंख!

मोहन
और नहीं तो क्या, तुम इन्हें यहाँ क्यों लाये हो?

बद्री
तुम्हारे घर का पता पूछ रही थीं और कहाँ ले जाता?

मोहन
मेरा पता क्यों पूछ रही थी! कौन है यह?

बद्री

यह एक रूपवती और गुणवती कन्या है।

मिट्ठू

(टेढ़ी हो कर बद्री को देखती है।) रूप के बारे में तो मैं कुछ नहीं कह सकती क्यों कि रूप देखने वाले की दृष्टि में होता है।

बद्री

वाह, क्या बात कही है। रूप और बुद्धि का क्या संगम है।

मिट्ठू

आप मुझे एक बात बताइए, आपने कैसे जान लिया कि मैं गुणवती भी हूँ और मेरे पास बुद्धि भी है।

बद्री

ताड़ने वाले रखते हैं नजर कयामत की।

मिट्ठू

(व्यंग्य से) सचमुच! बीस मिनटों की मुलाकात में ही आपने इतना जान लिया! तभी आप अफसोस कर रहे थे कि हम एक साल पहले क्यों नहीं मिले। देखिये, घुमाफिरा कर बात करने की मेरी आदत नहीं है। इसलिए साफ-साफ कहती हूँ कि आप दूसरे नंबर पर हैं। आपको पिता जी से मिलना पड़ेगा।

बद्री

यह पिता जी बीच में कहाँ आ टपके।

मिट्ठू

पिता जी टपके नहीं। मैंने उनका जिक्र किया है। क्या आप अपने पिता जी को टपकाते हैं?

बद्री
नहीं मैं म... म...

मिट्ठू
यानी आप मुझसे शादी करेंगे लेकिन मेरे पिता जी से नहीं मिलेंगे!

बद्री
देखिये देवी जी आपको गलतफहमी हो रही है। आपसे शादी करके मैं अपने आप को धन्य समझता पर मैं अभी इस परिस्थिति में नहीं हूँ कि आपसे शादी कर सकूँ। एक साल पहले आतीं तो काफी संभावनाएँ थीं।

मिट्ठू
फिर वही...

मोहन
बद्री, यह सब क्या हो रहा है? कौन है यह लड़की?

बद्री
तुम्हारा पता पूछते-पूछते यह मेरे घर पहुँच गयी और तुम मुझसे पूछ रहे हो कि कौन है। (**कान में**) कौन है?

मोहन
मुझे सचमुच नहीं मालूम यार। नाम क्या है?

बद्री
मैंने पूछा नहीं।

मोहन
तो पूछो न।

बद्री
मैं क्यों पूछूँ। बिना पूछे ही यह मुझसे शादी करने पर तुली हुई है। नाम पूछ लिया तो पता नहीं क्या हो जाये। तुम्हारी मेहमान है तुम्हीं पूछो।

मिट्ठू
(**मिट्ठू से**) माफ कीजिएगा मैंने...

मिट्ठू
क्या किया है आपने ? इस तरह माफी क्यों माँग रहे हैं?

मोहन
जी मैंने कुछ नहीं किया है।

मिट्ठू
यानी आप कुछ करने से पहले ही माफी माँग लेते हैं।

मोहन
माफ कीजिएगा... मेरा कहने का मतलब है मैंने आपको पहचाना नहीं।

मिट्ठू
जब मिल ही पहली बार रहे हैं तो पहचानने का सवाल ही कहाँ उठता है। मेरा नाम मिट्ठू है। आपके दोस्त किशोर ने मुझे आपसे मिलने के लिए कहा था। वह भी यहाँ आने वाला था।

मोहन
कहीं आप वही तो नहीं जिससे किशोर शादी करने वाला था।

मिट्ठू
कहा तो उसने यही था।

मोहन
पर किशोर तो आपको लेने गया था।

मिट्ठू
लोग कहीं जाने के लिए निकलते हैं और पहुँच कहीं और जाते हैं।

मोहन
बड़ी शायराना बात कही आपने।

मिट्ठू
आपको पसंद आई?

मोहन
सुंदर मुँह से निकली हुई सुंदर बात किसे पसंद नहीं आयेगी!

मिट्ठू
(लंबी साँस छोड़ कर) अच्छी सूरत भी क्या बुरी शै है, जिसने डाली बुरी नजर डाली।

बद्री
वाह! कितना बढ़िया शेर है। चलो इसमें एक लाइन और जोड़ते हैं।

मोहन
तीन लाइन का शेर?

बद्री

अच्छी सूरत भी क्या बुरी शै है, जिसने डाली बुरी नजर डाली। और तीसरी लाइन है, लगता है आपने कभी कहीं गहरी चोट खाई है।

मोहन

मैंने बुरी नीयत से बात नहीं की थी।

मिट्ठू

यानी आपकी भी नीयत अच्छी है। **(सूखी हँसी हँसती है।)** इसका मतलब हुआ आप भी मुझसे शादी करना चाहते हैं।

मोहन

हाँय!!

मिट्ठू

देखिये मोहन कुमार जी। मेरे पिता जी एक महीने के बाद यहाँ आने वाले हैं। शादी की बात आप उन्हीं से कीजिएगा। वे जिससे कहेंगे मैं उसीसे शादी कर लूँगी।

बद्री

मोहन, यह लड़की तो लगता है अपने आप में नहीं है।

मोहन

क्या बकवास कर रहे हो! अपने आप में नहीं है तो किसमें है! कोई भूत है क्या!

बद्री

ओ हो मैं कह रहा था कि...

मोहन
तुम जो कह रहे थे उसे रहने दो। मुझे लगता है कि यह लड़की बहुत दुःखी है।

बद्री
वही तो मैं कह रहा था।

मोहन
क्या खाक कह रहे थे तुम। तुम तो किसी भूत की बात कर रहे थे।

बद्री
लो मैंने कब की भूत की बात। उल्टे तुम...

दरवाजे पर घंटी।

मोहन
बस-बस, दरवाजा खोलो।

किशोर का प्रवेश।

किशोर
(मिट्ठू से) लो तुम यहाँ हो और मैं तुम्हारे हॉस्टल हो कर आ रहा हूँ। **(मिट्ठू के तेवर देख कर)** हें... हें... तुम कब आयीं मिट्ठू?

मिट्ठू
तुम्हें मालूम है कि मैं तुमसे बात नहीं कर रही हूँ। मुझसे बात करने की कोशिश भी मत करना।

किशोर

बात नहीं करोगी!

मिट्ठू

ये दोनों तुम्हारे दोस्त हैं?

किशोर

हाँ।

मिट्ठू

ये दोनों भी मुझसे शादी करना चाहते हैं। **(मोहन से)** मोहन कुमार जी कम-से-कम मुझे आपसे ऐसी आशा नहीं थी।

मोहन

लो, मैंने क्या किया। मुझे क्या मालूम आप मुझसे कैसी आशा कर रही थीं। मुझे आप ऐसा-वैसा मत समझिए हाँ।

मिट्ठू

समझने को छोड़ा ही क्या है आपने! न तो आप ऐसे हैं और न वैसे। एक ओर तो आप चंद्रमुखी के साथ अपने प्यार को व्यक्त नहीं करना चाहते। उसे अप्रस्फुटित ही रहने देना चाहते हैं। दूसरी ओर आप मुझसे शादी करना चाहते हैं वह भी केवल मेरा रंगरूप देख कर। छिः।

मोहन

हाँय!

मिट्ठू

छिः

मोहन

हाँय!

मिट्ठू

छि:।

चंद्रमुखी का प्रवेश।

चंद्रमुखी

क्यों भई यह कैसी युगलबंदी है?

बद्री

आओ चंद्रमुखी तुम्हारी ही बात हो रही थी।

चंद्रमुखी

मेरी बात! **(मिट्ठू को देख कर)** मेरा इनसे परिचय नहीं है।

मिट्ठू

मेरा नाम मिट्ठू है। मोहनकुमार जी मुझसे शादी करना चाहते हैं। यह मैं आपको इसलिये बता रही हूँ कि आप मोहन कुमार जी की तरफ से किसी धोखे में न रहें।

मोहन

चंद्रमुखी.....

चंद्रमुखी

म..मैं मुझे क्या धोखा होना है। मैं समोसे की प्लेट लेने आई थी।

मोहन

रुको चंद्रमुखी। थोड़ी देर यहीं रुको। कौन-सा तुमको बहुत दूर जाना है?

चंद्रमुखी

मैं दूर ही तो हूँ। पड़ोस में रहने से ही तो दूरियाँ कम नहीं होतीं। समोसे तक नहीं खाये। मैं चलती हूँ मुझे और भी काम हैं।

मोहन

(समोसे की प्लेट ले कर) इसे यहीं रहने दो। समोसे अब मेरे हैं। प्लेट बाद में लौटा दूँगा।

बद्री

(**मोहन के कान में**) तुम मुझे ढपोरशंख बोल रहे थे चपड़गंजू! समोसे नहीं खाये गये! ये लड्डू नहीं समोसे हैं। लड्डू और समोसे में फर्क नहीं समझते? अ को प्र करो। अभी इसी वक्त। तुम दोनों के बीच जो अप्रस्फुटित है उसे अब प्रस्फुटित कर दो।

मोहन समोसा उठा कर खाता है। बद्री और किशोर ताली बजाते हैं। चंद्रमुखी शर्माती है।

मोहन

बद्री ने अभी मेरे कान में कुछ कहा है। कह रहा था कि हम दोनों के बीच जो अप्रस्फुटित है उसे अब प्रस्फुटित कर देना चाहिए। मुझे लगता है कि वह ठीक कह रहा है। तुम क्या कहती हो ?

चंद्रमुखी

(**कृत्रिम अंदाज में**) आपने मेरे समोसे खाये यह मेरा अहोभाग्य। अब मेरे पास कहने को कुछ बचा ही नहीं। मैं अबला कह भी क्या सकती हूँ!

विराम

इतवार को देर तक सोना बंद करना पड़ेगा, मंजूर।

मोहन

मंजूर।

चंद्रमुखी

कोई लड़की भैयादूज को घर बुलाए और लड्डू खिलाये तो क्या करोगे?

मोहन

यह तो आसान है। मैं लड्डू नहीं खाऊँगा। वैसे भी मुझे लड्डू अच्छे नहीं लगते।

चंद्रमुखी

तुम्हें लड्डू खाने पड़ेंगे। बोलो मंजूर।

मोहन

मंजूर। मंजूर।

किशोर

मिट्ठू तुम भी अब गुस्सा थूक दो। मैं अपने सारे शब्द वापस लेता हूँ।

बद्री

(**किशोर के कान में**) तुमने ऐसा क्या कह दिया है मिट्ठू से?

किशोर

(बद्री को घूरते हुए) मुझे क्या मालूम? मालूम होता तो बात यहाँ तक पहुँचने ही नहीं देता।

मिट्ठू
मैं जाती हूँ।

किशोर
मेरे जीवन में अब,
तेरे साथ बिताये लम्हों का शोर है
तेरे बिरह में छाई घटा घनघोर है।
अब यह मेरी जिन्दगी का साज
तेरे बिन बज रहा बेआवाज है।
अब तो माफ कर दो।

बद्री
(मोहन से) यह माफी माँग रहा है या भीख माँग रहा है।

मिट्ठू
तुमने उस तरह की बात की ही क्यों?

मोहन
अनजाने में बिना सोचे-समझे कह दिया होगा।

बद्री
यह इसकी बचपन की आदत है।

मिट्ठू
फिर वैसा कहोगे कभी?

किशोर
कभी नहीं। इस जनम में नहीं। अगले जनम में भी नहीं।

सभी फ्रीज होते हैं। सूत्रधार और नटी का प्रवेश।

नटी

अच्छा हुआ, जो अप्रस्फुटित था वह प्रस्फुटित हो गया। यानी इजहारे-प्यार हो गया। किशोर की तोती भी दाना चुगने लगी है। पर मेरा क्या होगा सूत्रधार!

सूत्रधार

तेरा क्या होना है बंदरिया!

नटी

मैं बंदरिया तो तू मदारी बन जा न।

सूत्रधार

नाटक देख, नाटक।

नटी

नाटक में अब क्या बचा है?

सूत्रधार

अभी बाकी है। रामअवतार को भूल गई? बद्री रामअवतार से पीछा छुड़ा कर भाग आया था पर रामअवतार सहज में ही पीछा छोड़नेवालों में से नहीं है।

दृश्य छह

स्थान- पार्क।

रामअवतार

मैं तुम्हारे घर गया था। वहाँ पता चला कि तुम यहाँ आये हो। यहाँ पार्क में क्या कर रहे हो?

बद्री

तुमसे बचने के लिये यहाँ आया था।

रामअवतार

तुमको मालूम है, राधा वो सामनेवाले घर में रहती है?

बद्री

तो?

रामअवतार

तो क्या, तुमको यूँ ही बता रहा था।

बद्री

मेरा जनरल नॉलेज बढ़ा रहे थे, क्यों?

रामअवतार

कोइ तरकीब बताओ न जिससे मुझे राधा से एकांत में बात करने का अवसर मिल जाये।

बद्री

यार, प्यार तुम साले करो और पापड़ मैं बेलूँ। यह मुझे पसंद नहीं।

रामअवतार

तुम्हारी तो शादी हो गई है। क्या तुम नहीं चाहते कि मेरी भी हो?

बद्री

तो करो न, मेरी जान के पीछे क्यों पड़े हो।

रामअवतार

तरकीब?

बद्री

ऐसा करो एक दिन राधा के घर के सामने बेहोश हो जाओ। तुमको बेहोश देख कर वह तुमको अवश्य घर के अंदर ले जायेगी। तुमने भी तो उसकी जान बचाई थी। और वैसे भी लड़कियों का दिल कोमल होता है। बस एक बार तुम घर के अंदर पहुँच गये तो एकांत मिल ही जायेगा, फिर जितनी चाहे बातें कर लेना।

रामअवतार

एकदम बेकार तरकीब है। इधर मैं बेहोश हुआ और उधर पता चला कि राधा घर में ही नहीं है। और फिर कोई कितनी देर बेहोश रह सकता है!

बद्री

यदि मैं कहूँ कि तुम्हारी बुद्धि तो घास चरने चली गई है तो घास चरने वाले पशुओं का अपमान होगा। अरे साले पहले पता लगाओ कि राधा घर में है या नहीं? जब अच्छी तरह मालूम हो जाये कि राधा घर पर ही है तो बेहोशी का कार्यक्रम आगे बढ़ाना।

रामअवतार

हाँ... पर... पर... मान लो राधा घर में ही है, तो उसे कैसे मालूम होगा कि मैं बाहर बेहोश पड़ा हूँ।

बद्री

पहले उसके दरवाजे पर घंटी बजाना फिर बेहोश हो जाना।

रामअवतार

घंटी बजाते ही तुरंत बाहर निकल आई तो?

बद्री

तुम पहले बेहोश हो जाना और उसके बाद घंटी बजाना।

रामअवतार

पर... पर...

बद्री

अब क्या पर-पर लगा रखी है?

रामअवतार

पर जब मैं बेहोश रहूँगा तो उससे कैसे बातें करूँगा?

बद्री
अरे ओ अकल के अंधे, एक बार घर के अंदर पहुँच जाओ तो होश में आ जाना और जी भर के बातें करना।

रामअवतार
यदि बेहोशी बहुत देर तक रही तो...

बद्री
माने?

रामअवतार
माने क्या, माने एकदम साफ है। बेहोश होने के लिए कुछ खाना या सूँघना होगा कि नहीं? नहीं तो बेहोशी कैसे आयेगी? एक बार बेहोश हुए तो क्या गारंटी है कि समय पर होश आ ही जाये।

बद्री
(अपने सिर पर हाथ मार कर) अरे रामअवतार क्या हो गया है तुमको! अभी कुछ दिन पहले तक तो ठीक ही थे, अब अचानक इतने बेवकूफ कैसे बन गये! अरे बेहोशी के लिए कुछ खाने की जरूरत नहीं है, बस बेहोशी का नाटक करना।

रामअवतार
बेहोशी का नाटक!

बद्री
हाँ।

रामअवतार
बद्री तुम महान हो। कैसे सूझता है तुम्हें यह सब? पर... पर...

बद्री

अब क्या परपरा रहे हो?

रामअवतार

तुम्हारी स्कीम तो अच्छी है पर मैं नहीं कर पाऊँगा। बेहोशी का नाटक मुझसे नहीं होगा।

बद्री

तो जहन्नुम में जाओ।

रामअवतार

एक मिनट, एक मिनट। ऐसा करें तो कैसा रहेगा?

बद्री

कैसा?

रामअवतार

मेरी जगह तुम बेहोश होने का नाटक करो। मैं घंटी बजाऊँगा, घर में जाऊँगा और राधा को बताऊँगा कि मेरा दोस्त बेहोश हो गया है। फिर हम सब तुमको अंदर ले जायेंगे। जब सब तुम्हारे उपचार में लगे होंगे, उस समय मैं राधा से बात करने का समय निकाल लूँगा।

बद्री

भूल जाओ कि मैंने तुम्हें कुछ बताया था।

रामअवतार

जब तुम्हें आवश्यकता होगी तो मैं भी तो तुम्हारी मदद करने के लिए जी जान से आगे आऊँगा। फिर तुम्हारे लिए नाटक करना कितना आसान है। तुम इतने बड़े कलाकार हो।

बद्री
किसने कह दिया कि मैं कलाकार हूँ?

रामअवतार
मैं कहता हूँ। भूल गये स्कूल में तुम नाटक में वीर अभिमन्यु बने थे।

बद्री
वह सब बचपन की बातें थीं। फिर वीर अभिमन्यु को बेहोश होने की आवश्यकता कहाँ पड़ी थी।

रामअवतार
मेरे लिए तुम इतना भी नहीं कर सकते! तुम मेरे स्कूल के सहपाठी हो। तुम मेरे लिए नहीं करोगे तो और कौन करेगा।

विभूति का प्रवेश।

बद्री
यह करेगा

रामअवतार
ये...

विभूति
आपलोग हियाँ क्या कर रहा है?

रामअवातार
हमलोग एक गंभीर विषय पर गुफ्तगू कर रहे हैं।

विभूति
खुला पार्क में गुप्त... गू... मैं समझा नेहीं।

बद्री
बात आपके समझने की नहीं है। आइये आप यहाँ बैठिये।

विभूति
आम भी पार्क में चला आया। हियाँ पर सेर सायरी के वास्ते अच्छा जायगा है। गाछ है, पेड़ है, चिड़िया है, घास है, आप है। सूनिये..

बद्री
आपकी शायरी हम अवश्य सुनेंगे पर आपको भी रामअवतार का एक काम करना पड़ेगा।

विभूति
कैसा काम?

बद्री
विभूति आप तो बहुत बड़े कलाकार हैं। यह आपकी लाइन का काम है। थोड़ा नाटक करना पड़ेगा।

विभूति
म...म...

बद्री
बस बात पक्की। रामअवतार सीन समझाओ।

धीमा प्रकाश। रामअवतार और बद्री विभूति को सीन समझाते हैं।

कुछ क्षणों के लिए अँधेरा।
पार्क की दूसरी ओर राधा के घर के सामने रामअवतार और विभूति।

रामअवतार
वह राधा का घर है। तुम यहाँ बेहोश हो जाओ।

विभूति काफी नखरों के साथ बड़बड़ाता हुआ, रामअवतार को गाली देता हुआ बेहोशी की मुद्रा बनाता है। रामअवतार राधा के घर की घंटी बजाता है। राधा दरवाजा खोलती है।

राधा
तुम! (**दरवाजा बंद करने लगती है।**)

रामअवतार
म...म... मिनट... एक मिनट राधा दरवाजा बंद मत करो। बेहोश है। माने मेरा दोस्त बेहोश हो गया है।

राधा
क्या बक रहे हो?

रामअवतार
दोस्ती का दौरा पड़ा है। बेहोश हो गया है।

चंद्रमुखी
(अंदर से आती है।) कौन है राधा?

राधा
श्री रामअवतार जी हैं।

चंद्रमुखी
क्या कह रहे हैं?

राधा
वही मैं समझने का प्रयास कर रही हूँ। लगता है इन्होंने अभी-अभी बोलना सीखा है।

रामअवतार
मदद कीजिए प्लीज। मेरा दोस्त बेहोश हो गया है।

चंद्रमुखी
बेहोश हो गया है? कैसे?

रामअवतार
पता नहीं कैसे। बस खड़े-खड़े गिर गया।

राधा
कहाँ बेहोश हुआ है?

रामअवतार
वहाँ सामने।

राधा और चंद्रमुखी पास जाती हैं।

राधा

अरे यह तो विभूति जी हैं। **(चंद्रमुखी के कान में कुछ कहती है।)** रामअवतार जा कर कोई डाक्टर ले आओ।

रामअवतार

डाक्टर!

चंद्रमुखी

हाँ डाक्टर। तुम्हारा दोस्त बेहोश हो गया है और तुम यहाँ खड़े हो! जाओ दौड़ कर डाक्टर को ले आओ।

राधा

जाओ। **(रामअवतार बेमन से जाता है।)** चंद्रमुखी तुम जरा पानी ले आना।

रामअवतार

(स्वगत) यह तो स्क्रिप्ट में नहीं था।

चंद्रमुखी

अभी लाई **(जाती है।)**

राधा

विभूति, अब होश में आ जाओ।

विभूति

पानी.. डाक्टर.. मैं कहाँ है?

राधा

बस-बस रहने दो। अधिक नाटक करने की जरूरत नहीं।

विभूति

माने...

राधा

(डाँट कर) कहा न, नाटक करने की जरूरत नहीं है।

विभूति

एँ.. क्या बोला... नाटक का जडूरत नहीं...

राधा

नहीं।

अंधकार।

दृश्य सात

मोहन का घर। मोहन और बद्री बैठे हुए हैं।

मोहन

तुम्हारा क्या है, शादीशुदा हो। सब सुख-सुविधा बिना हाथ-पाँव हिलाये मिल जाती है।

बद्री

तुम्हारा भी तो बंदोबस्त हो गया है। जल्दी से तुम भी शादी कर लो। कबतक रहोगे कुँवारे? वैसे भी आजकल कुँवारेपन की कोई वैल्यू नहीं है।

रामअवतार का प्रवेश।

रामअवतार

बद्री, तुम्हारी स्कीम बहुत कमजोर निकली। मुझे डाक्टर लाने भेज दिया गया, मैं क्या करता? बस पार्क में विभूति बाबू का इंतजार किया। उनके घर भी गया था। पता नहीं कहाँ रह गये। ये रहे।

विभूति लड़खड़ाते हुए वहाँ आता है।

अरे विभूति बाबू आपने बड़ी देर कर दी होश में आने में। विभूति बाबू! आपके चेहरे पर हवाइयाँ क्यों उड़ रही हैं?

विभूति
हवाई होनोलूलू सब उड़ गया। मेरा सब हावा निकल गया। मोहन बाबू, बद्री बाबू, रामअवताड़ बाबू, आमको प्याड़ हो गया है।

मोहन
विभूति बाबू आपको प्याड़ किससे हुआ है।

विभूति
चाँद का माफिक चेहरा है। आँख टिमटिम करता है। एकदम ब्राइट स्टार का माफिक। वो मेरा कान में बोला कि वो मुझसे प्याड़ करती है। मैं बेहाशी का नाटक कर रहा था। उसका बात सुन कर सचमुच चक्कर आ गया। वो बोला कि उसका प्यार जीतने के लिये आमको बेहोशी का नाटक करने का जेरूरत नहीं था।

चंद्रमुखी और राधा का प्रवेश।

बद्री
विभूति बाबू आपने बताया नहीं कि आपको किससे प्याड़ हो गया है।

रामअवतार
नाम क्या है उसका?

विभूति
उसका नाम राधा है।

सब फ्रीज हो जाते हैं। सूत्रधार और नटी का प्रवेश। नटी, प्रतिमा बनी राधा के पास जाती है।

नटी

सूत्रधार यह राधा की सूरत कितनी भोली है। है न?

सूत्रधार

भोली सूरत वाले,
चोरी से चितवन के तीर चलाते हैं।
कितनों को घायल कर मार गिराते हैं।

नटी

बेचारे रामअवतार को झन्नाटेदार चाँटा और विभूति को गलबहियाँ! **(विभूति के पास जा कर)** हाय रे किस्मत का खेल, छछुंदर के सिर में चमेली का तेल।

सूत्रधार

इसीलिये कहते हैं कि प्यार अंधा होता है।
बस एक तरफ बंदी और एक तरफ बंदा होता है।

नटी

ठीक कहते हो। प्यार अंधा होता है । मैंने अपने दीदे फोड़े भी तो कहाँ!
दिल आया भी तो किस पर! एक नीरस सूखे सूत्रधार पर।
हाय रे मैं हरी-भरी ये किस पर आ मरी।

सूत्रधार

चल-चल, नाटकों में काम करते-करते तुमको नाटक करने की आदत पड़ गयी है।

नटी

तुम्हारी इसी अदा पर तो मैं वारी-वारी। मन में तो लड्डू फूट रहे हैं पर ऐंठ पर अड़े हुए हैं।

मोहन के पास जा कर।

इनके गले में भी लड्डू अटका था। हो गये थे गमगीन।
भला हो चंद्रमुखी का, खिला दिये समोसे नमकीन।

रामअवतार के पास जा कर।

सूत्रधार...

सूत्रधार
बोलो नटी।

नटी
यह तुमने ठीक नहीं किया। रामअवतार को यूँ ही लटका दिया। इसका भी तो बेड़ा पार कर देते।

सूत्रधार
कैसे कर देता? जो स्क्रिप्ट में लिखा है वही हो कर रहता है।

रामअवतार
न बंगला है....

नटी
अरे यह तो बोलने लगा।

सूत्रधार
नाटक चल रहा है, एक ओर हो ले।

नटी

मैं समझी नाटक समाप्त हो गया है।

सूत्रधार

तुम्हारी भी समझ। मटर के दाने के बराबर।

नटी

ठीक कहते हो सूत्रधार। इतनी ही समझ होती तो अब तक तुम्हारे साथ सात फेरे ले लिये होते।

रामअवतार

न बंगला है न गाड़ी है।
कहते हैं सब अनाड़ी है।

बद्री

विभूति बाबू रामअवातार गाना गा रहा है, आप भी गाइये।

विभूति

आम कैसे गायेगा? आमको प्याड़ हो गया है।

बद्री

प्याड़ दिल में हुआ है गले में नहीं। गाइये।

रामअवतार

न बंगला है न गाड़ी है।
कहते हैं सब अनाड़ी है।
दिल में उठती है हूक
कि प्यार में रहे हारे-हारे।

कोरस

हम कब तक रहें कुँवारे! हम कब तक रहें कुँवारे!
हम कब तक रहें कुँवारे। कुँवारे। कुँवारे। कुँवारे।

मिट्ठू

उनकी तुनकमिजाजी, उनका प्यारा-सा गुस्सा।
उनका वो प्यार से देखना,
करता है सब वारे न्यारे।
हम कब तक रहें कुँवारे!
हम कब तक रहें कुँवारे!

कोरस

हम कब तक रहें कुँवारे! हम कब तक रहें कुँवारे!
हम कब तक रहें कुँवारे। कुँवारे। कुँवारे। कुँवारे।
हम कब तक रहें कुँवारे! हम कब तक रहें कुँवारे।

मोहन

न खाने की सुध न पीने की,
हमें तरकीब न आई जीने की।
यारों के यार हैं हम प्यारे,
समोसे अब ठंडे न होंगे हमारे।

कोरस

हम कब तक रहें कुँवारे! हम कब तक रहें कुँवारे!
हम कब तक रहें कुँवारे। कुँवारे। कुँवारे। कुँवारे।
हम कब तक रहें कुँवारे! हम कब तक रहें कुँवारे।

नेहा

उत्तर गये दक्षिण गये।
पूरब गये पश्चिम भी गये।
ढूँढ़ें हम एक कुँवारा
पर हाय रे नसीबा हमारा।

मिट्ठू

ओ कुँवारे...

नेहा

कभी मेरी गली आ रे।
दामन से लिपट हमारे।

कोरस

कभी मेरी गली आ रे।
दामन से लिपट हमारे।

नेहा

दामन से लिपट हमारे। हमारे। हमारे। हमारे।

कोरस

हम कब तक रहें कुँवारे! हम कब तक रहें कुँवारे!
हम कब तक रहें कुँवारे। कुँवारे। कुँवारे। कुँवारे।
हम कब तक रहें कुँवारे! हम कब तक रहें कुँवारे।

समाप्त

कब तक रहें कुँवारे की प्रथम प्रस्तुति
चौडया मेमोरिअल हॉल, बेंगलूरु

20 जून 2008

मंच पर

पात्र	कलाकार
सूत्रधार	विपुल श्रीवास्तव
नटी	संगीता पंडा
बद्री	अनीश सिंह
रामअवतार	योगी वर्मा
विभूति	वेंकटेश डीके
मोहन	अनुपम दूबे
विभा	अनुश्री
मिट्ठू	परमजीत सलोटा
राधा	अनुश्री
नेहा	विभा भागचंदानी
किशोर	अनुज राठी
चंद्रमुखी	हितैषी आर्य

मंच परे

प्रकाश	बाबू प्रभाकर
मंच सज्जा	इन्द्रसेन
ध्वनि और संगीत	हरिहर सुब्रमनियम
रूपसज्जा	सुरेश

वेशभूषा	कलायन
पोस्टर डिजाइन	यूबीक्विटस
नृत्य निर्देशन	परमजीत
नृत्यांगनाएँ	परमजीत, संगीता, अनुश्री, विभा, प्रीति और डौली
कव्वाली रचना	मथुरा कलौनी,
कव्वाली संगीत	हरिहर और परमजीत
कव्वाली गायक	हरिहर, परमजीत और वेंकटेश
परिकल्पना, लेखन तथा निर्देशन	मथुरा कलौनी

www.ingramcontent.com/pod-product-compliance
Lightning Source LLC
LaVergne TN
LVHW040945150826
845672LV00002B/548